Ce livre appartient à

Nom:

AGE:

Adresse:

Email:

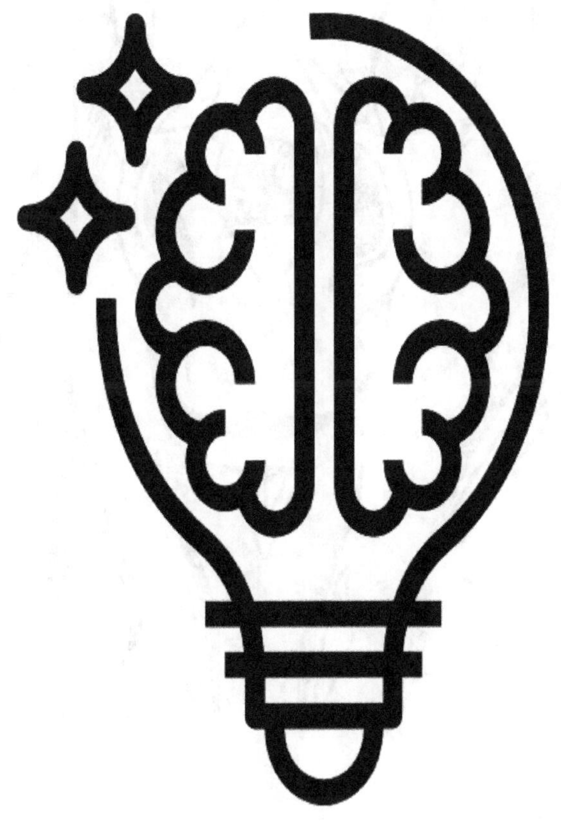

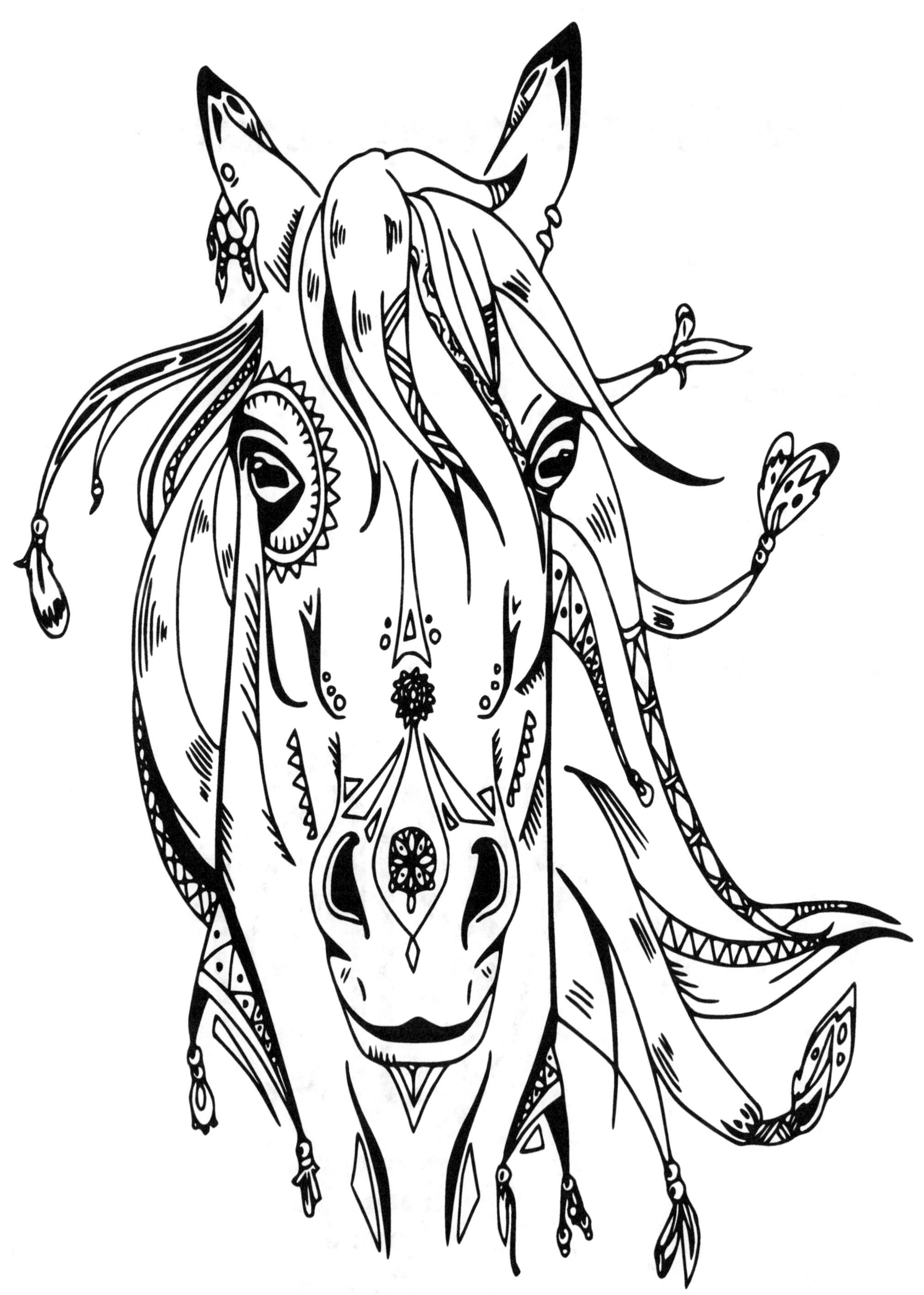

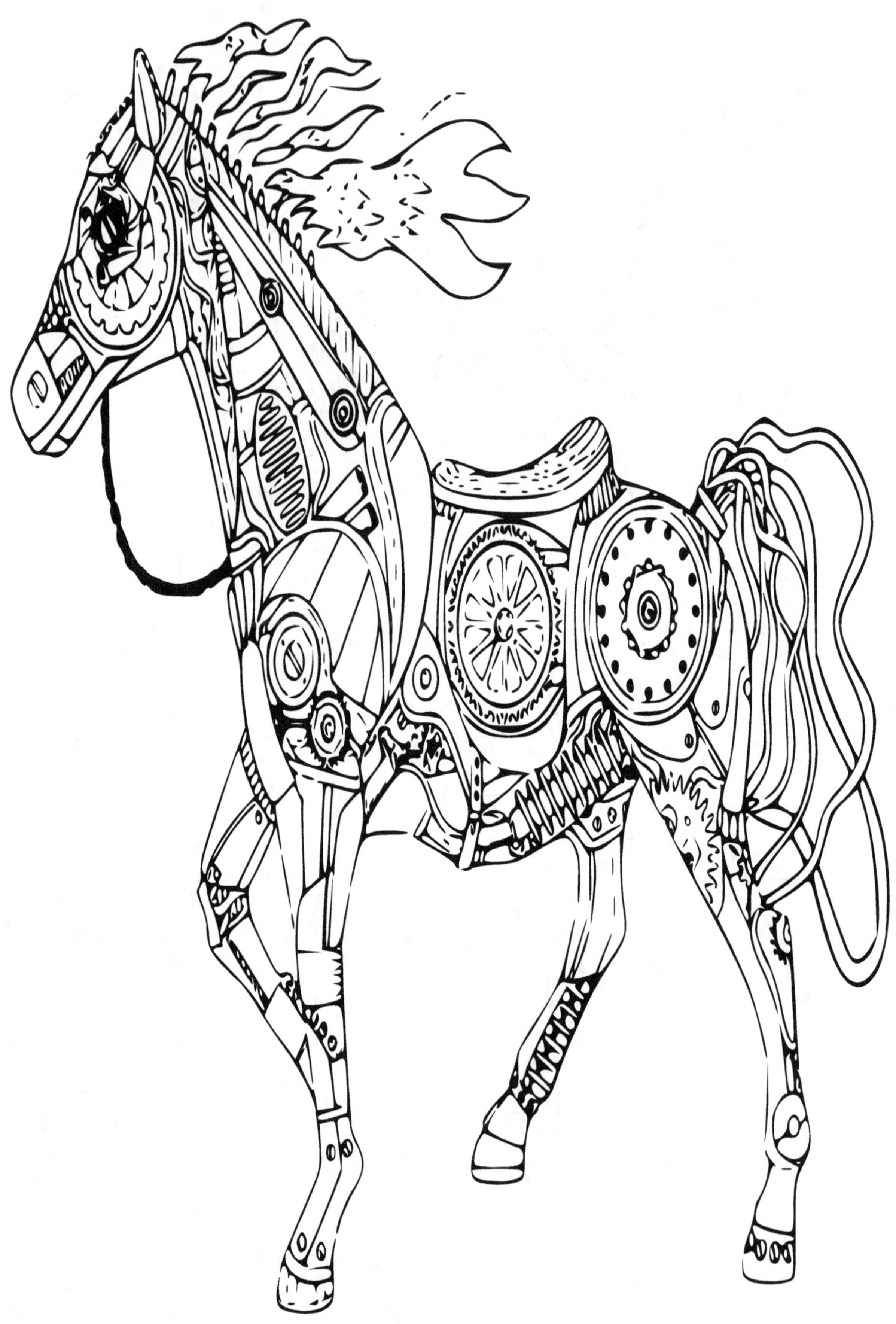

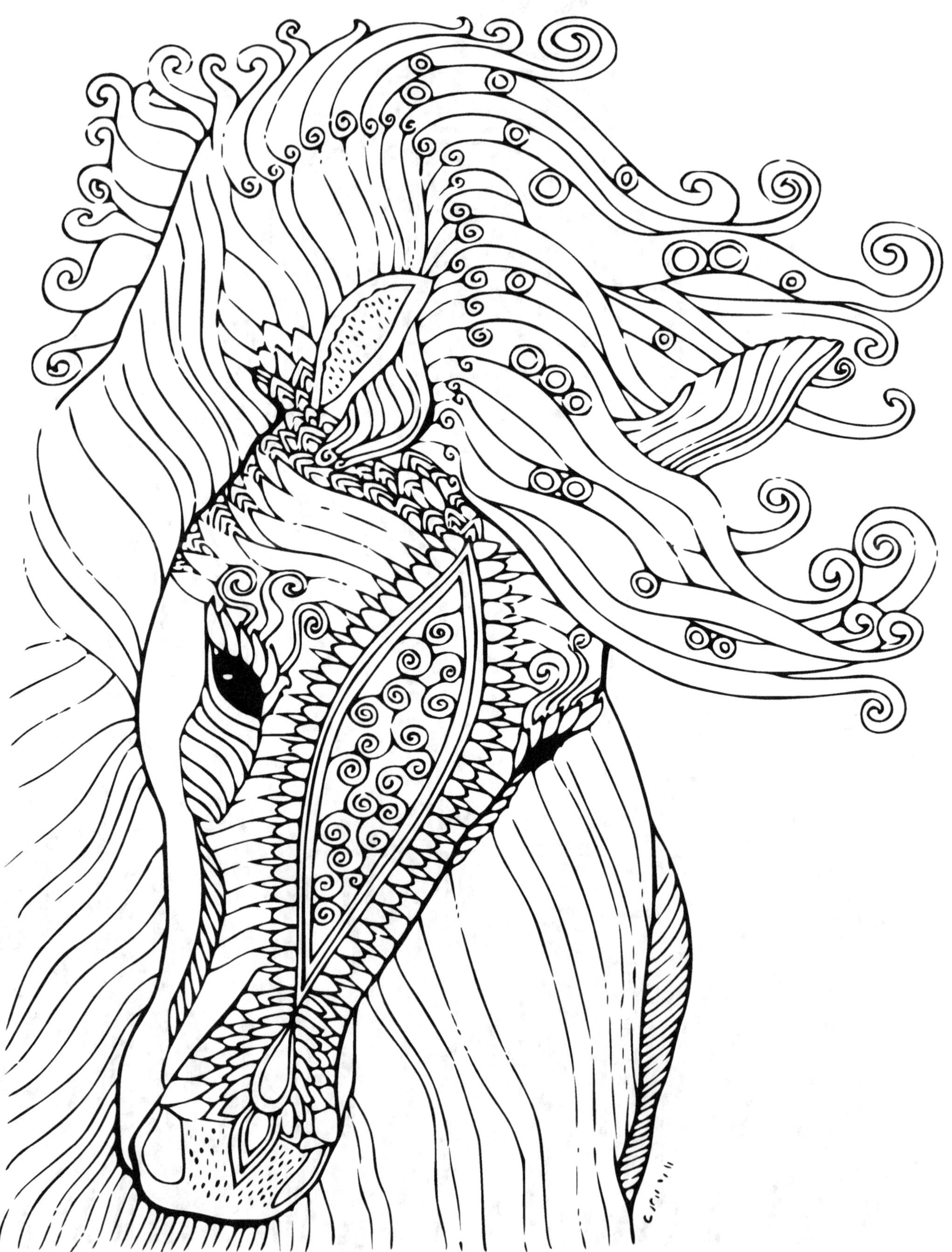

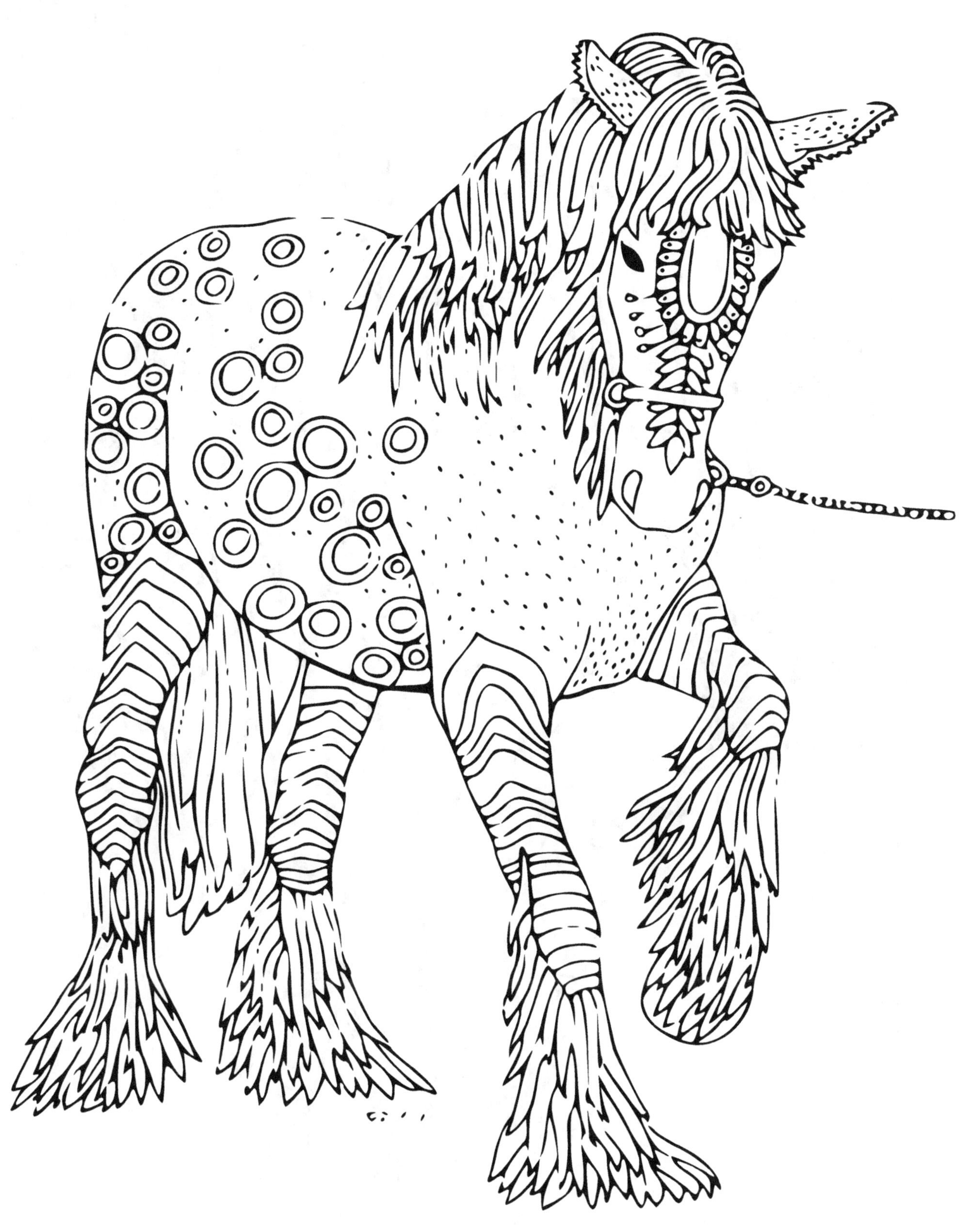

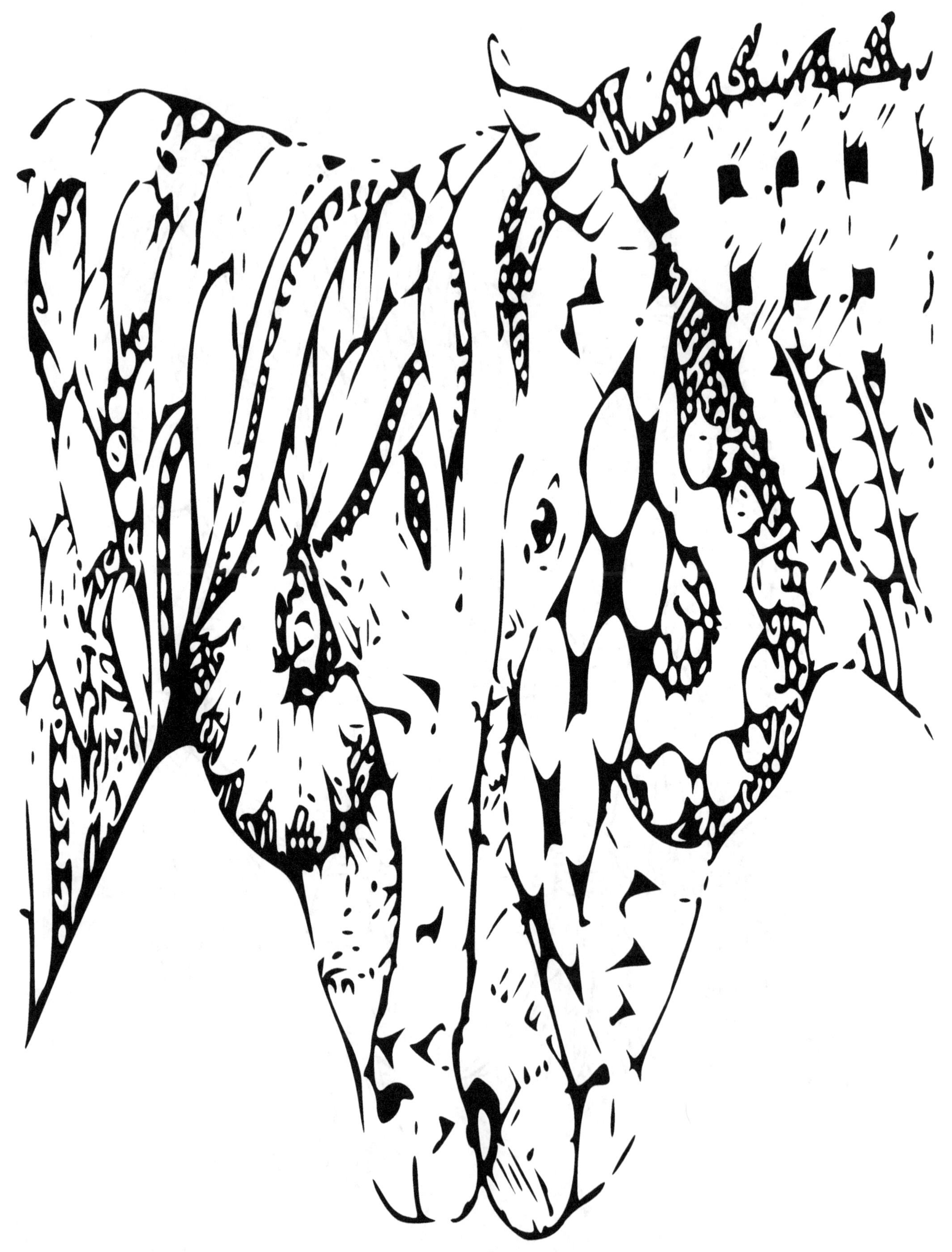

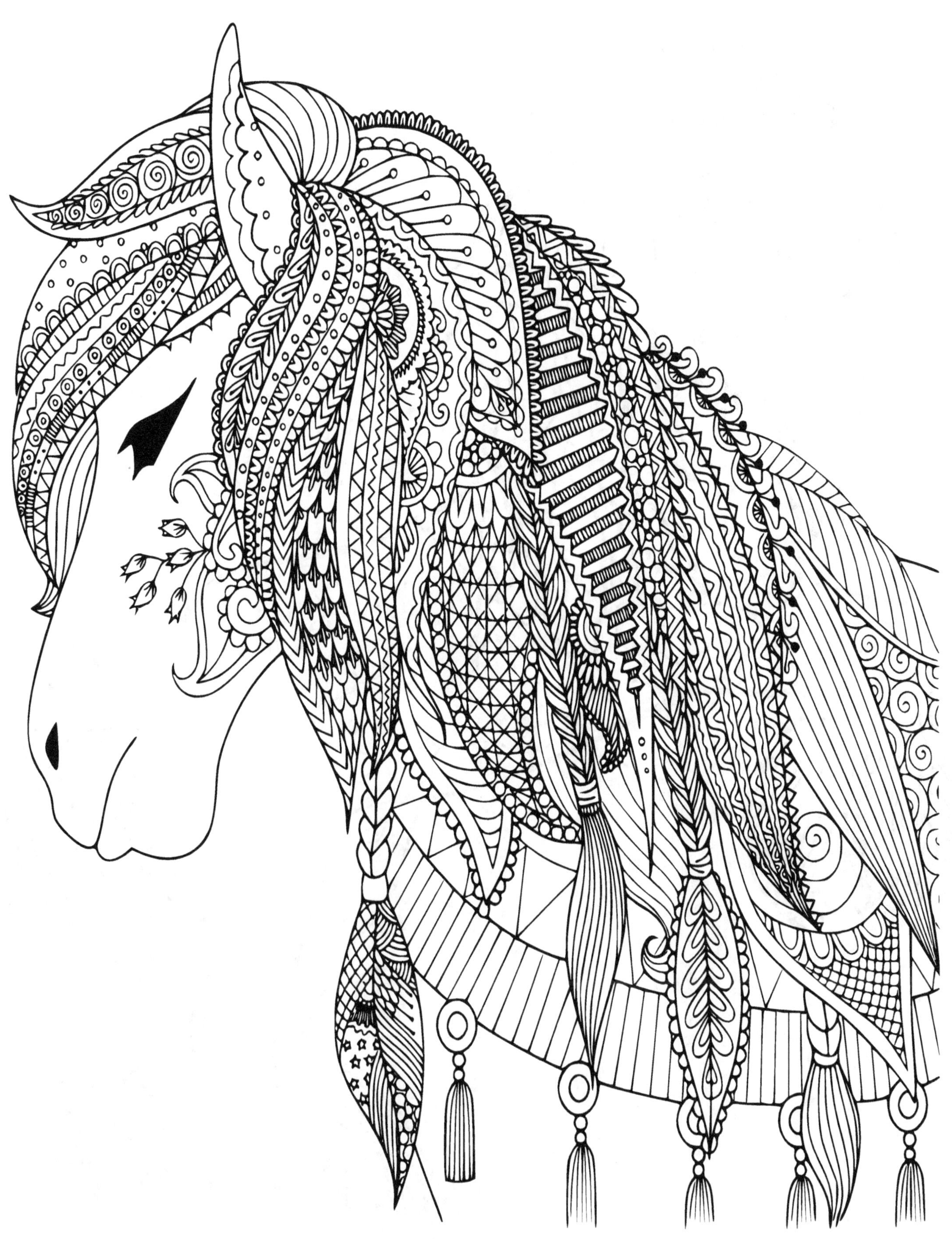

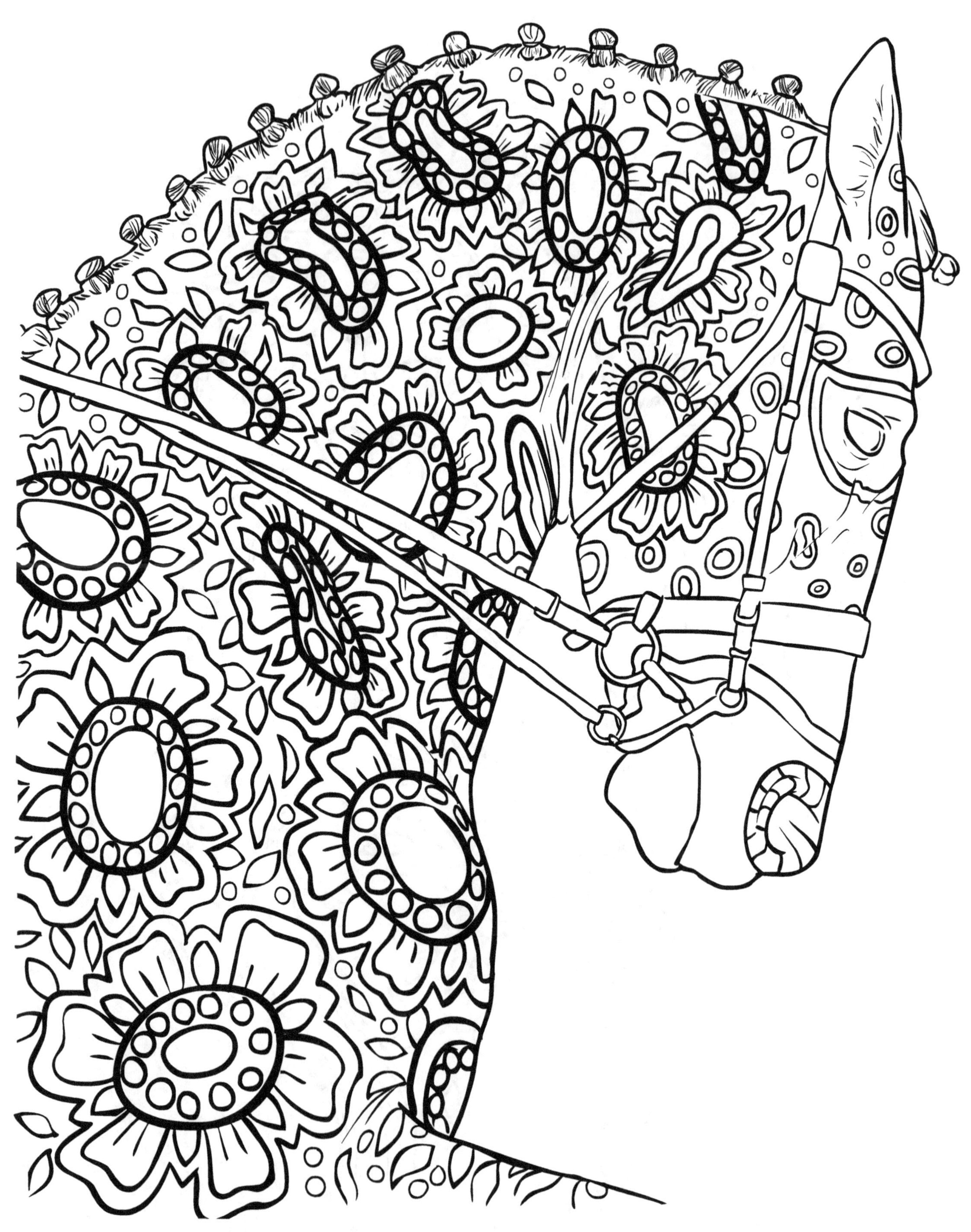

WW

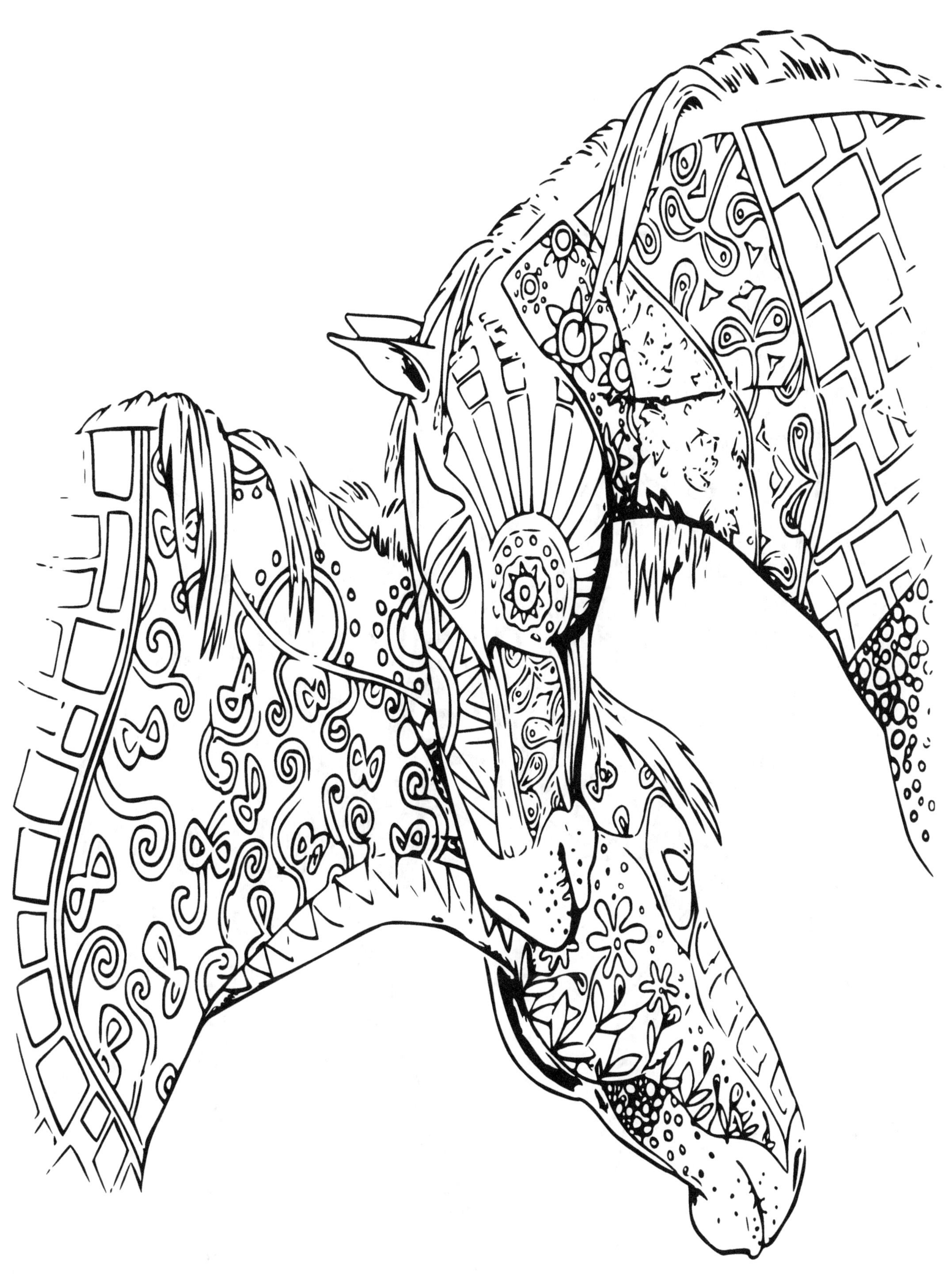

wv

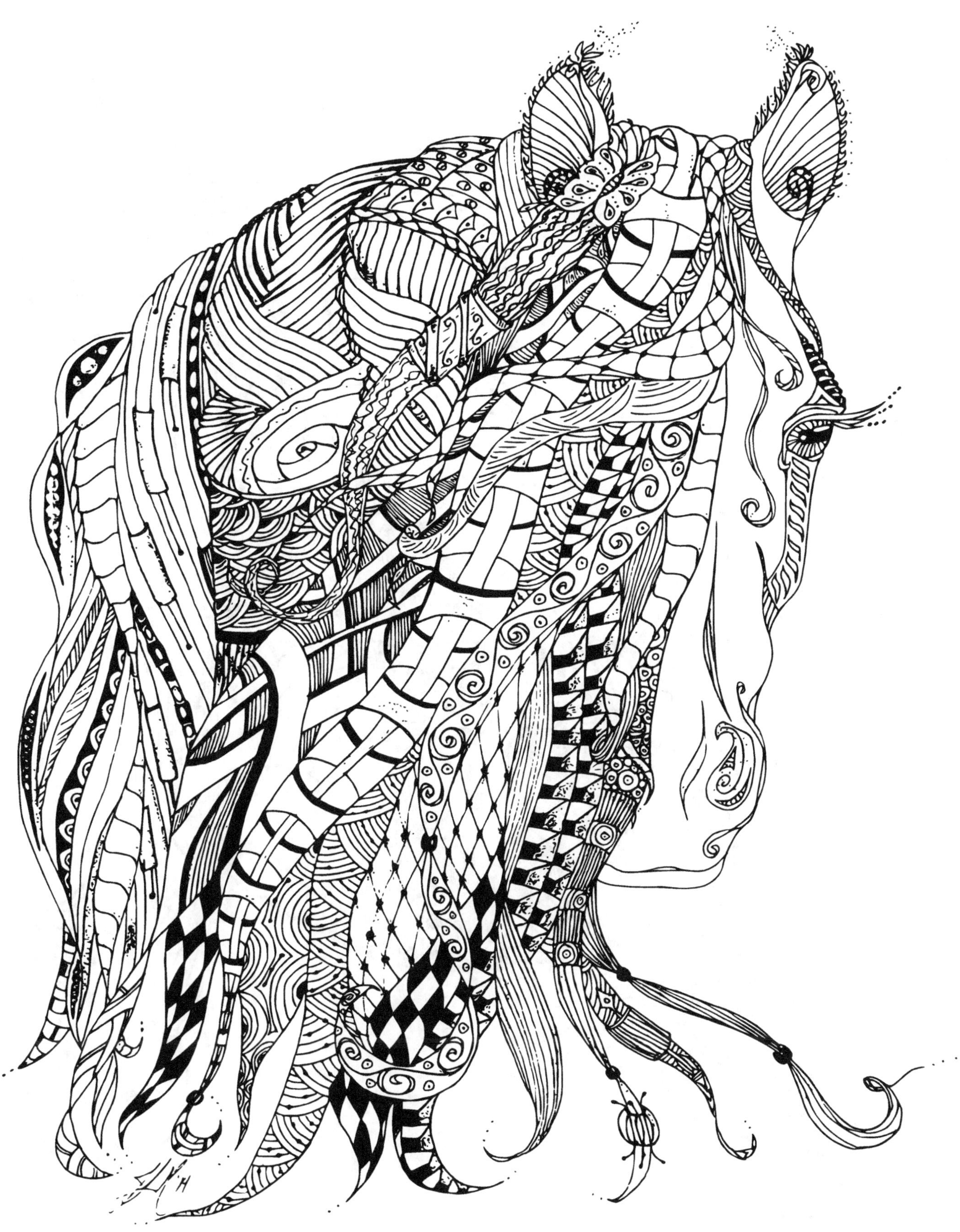

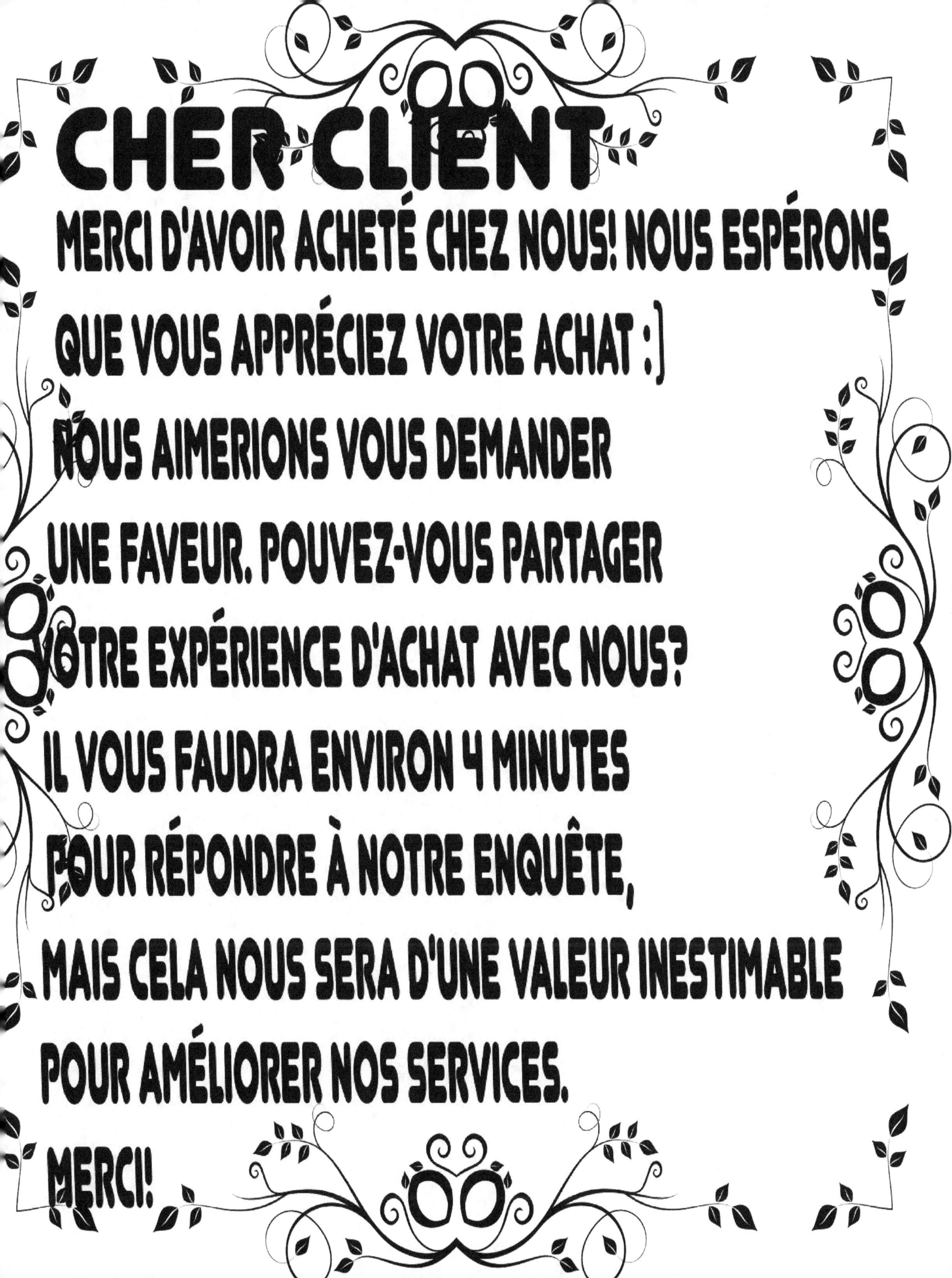

CHER CLIENT

MERCI D'AVOIR ACHETÉ CHEZ NOUS! NOUS ESPÉRONS QUE VOUS APPRÉCIEZ VOTRE ACHAT :)

NOUS AIMERIONS VOUS DEMANDER UNE FAVEUR. POUVEZ-VOUS PARTAGER VOTRE EXPÉRIENCE D'ACHAT AVEC NOUS?

IL VOUS FAUDRA ENVIRON 4 MINUTES POUR RÉPONDRE À NOTRE ENQUÊTE, MAIS CELA NOUS SERA D'UNE VALEUR INESTIMABLE POUR AMÉLIORER NOS SERVICES.

MERCI!

www.ingramcontent.com/pod-product-compliance
Lightning Source LLC
LaVergne TN
LVHW080555160826
845677LV00010B/1855
9798716132559